Die Originalausgabe erschien 2008 unter dem Titel
»Schneeball, wer bin ich?«
bei Edition Lingua Mundi
Frankfurt am Main

Mehr Informationen und unser aktuelles Programm finden Sie unter:
www.edition-lingua-mundi.com
info@edition-lingua-mundi.com

CIP-Titelaufnahme der Deutschen Bibliothek
Alle Rechte: © Edition Lingua Mundi

I. Auflage Juni 2009

ISBN: 978-3-940267-21-4

Mustafa Cebe & İbrahim Çayır
Schneeball, wer bin ich?
Bolita de Nieve: ¿quién soy yo?

Lektorat: Engin Korelli
Deutsche Redaktion: Ursula Lichter

Mit Illustrationen von Esin Şahin, Ankara
Layout, Umschlag und Gestaltung: Christian Bitenc, Frankfurt
Druck: Tiskárna Finidr, s.r.o. Český Těšín

Printed in the Czech Republic

Mustafa Cebe & İbrahim Çayır

Schneeball
wer bin ich?

Ins Spanische übersetzt von
Lourdes M. Guerra Lecuona

Mit Illustrationen von
Esin Şahin

Mustafa Cebe & İbrahim Çayır

Bolita de Nieve:
¿quién soy yo?

Traducción de **Lourdes M. Guerra Lecuona**

Edition Lingua Mundi

Era un precioso día de verano.
Bolita de Nieve saltaba alegremente por el prado, yendo de aquí para allá.

Es war ein schöner Sommertag.
Schneeball sprang fröhlich auf der Wiese umher.

Buscaba a alguien con quien jugar.

Er suchte jemanden zum Spielen.

Brincaba y brincaba…
Hasta que de repente, *¡PUM!* tropezó con una piedra y se cayó de golpe en un charco de barro.

Er hüpfte und hüpfte…
stolperte dabei über einen Stein und fiel auf einmal PLATSCH in ein Schlammloch.

Bolita de Nieve se levantó de nuevo y echó una mirada a su alrededor. Y entonces, vio a un grupo de conejos que jugaba a la pelota en la linde del bosque.

Schneeball stand wieder auf und schaute sich um.
Da sah er die Hasen, die am Waldrand Ball spielten.

Corriendo se fue hacia ellos, diciéndoles: —¡Me llamo Bolita de Nieve!
¡Lanzadme la pelota!
Los conejos lo rodearon.
—Y éste, ¿quién es? —murmuraron todos entre sí.

Er rannte auf sie zu und rief: »Ich heiße Schneeball! Werft mir zu, den Ball«
Die Hasen umringten ihn.
Alle flüsterten: »Wer ist das denn da?«

Bolita de Nieve, impaciente, no paraba de dar saltos.
—¡Venga! —insistía— ¡Lanzadme la pelota! ¡Soy un conejito y me gustaría jugar con vosotros!
Los conejos lo miraron fijamente, y uno de ellos le tocó el pelo. —¡Pero si esto no es más que un montón de púas! —exclamó— ¡Tú no puedes ser un conejo!

Ungeduldig hüpfte Schneeball auf der Stelle.
»Na los!«, drängte er. »Werft mir den Ball zu! Ich bin ein kleiner Hase und möchte mit euch spielen!«
Die Hasen starrten ihn an. Einer berührte Schneeballs Fell und rief: »Das sind ja lauter Stacheln. Du kannst kein Hase sein!«

Bolita de Nieve se sorprendió y dijo: —¿*Qué?* ¿No soy un conejo?
—¡No! —respondieron los conejos— ¡Pareces un erizo!
Bolita de Nieve estaba completamente desconcertado.
—Bueno, pues entonces —dijo—, me iré con los erizos y jugaré con ellos. Y se marchó.

Schneeball wunderte sich. »*Was?*«, rief er. »Ich bin kein Hase?«
»Nein!«, antworteten die Hasen. »Du siehst wie ein Igel aus!«
Schneeball stand ganz verblüfft da.
»Dann gehe ich eben zu den Igeln und spiele mit denen«, sagte er und ging weiter.

Los erizos jugaban al escondite entre unos arbustos. Bolita de Nieve corrió hacia ellos.
—¡Hola! —exclamó— ¡Soy un pequeño erizo! ¿Me dejáis jugar con vosotros?
Los erizos lo rodearon y uno de ellos le agarró de las orejas. —¡Tus orejas son demasiado grandes! —murmuró— ¡Tú no puedes ser un erizo!

Die Igel spielten zwischen den Büschen Verstecken.
Schnurstracks rannte er zu ihnen hin.
»Hallo! Ich bin ein kleiner Igel. Lasst uns zusammen spielen!«, rief er.
Die Igel umringten ihn und einer fasste Schneeball an die Ohren.
»Deine Ohren sind zu groß! Du kannst kein Igel sein!«, murmelte er.

Bolita de Nieve se sorprendió. —¿*Queeé?* —gritó Bolita de Nieve. —¿Es que acaso no soy un erizo?
—¡No! —respondieron los erizos—. ¡Pareces una ardilla!
Bolita de Nieve los miró con los ojos muy abiertos. —¡Bueno, pues ahora jugaré un poco al escondite con vosotros y después me iré con las ardillas! —les dijo.

Da staunte Schneeball. »*Waas?*«, rief er. »Bin ich etwa auch kein Igel?«
»Nein!«, antworteten die Igel. »Du siehst wie ein Eichhörnchen aus!«
Schneeball schaute die Igel mit großen Auge an und sagte: »Dann spiele ich jetzt mit euch Verstecken und gehe später eben zu den Eichhörnchen!«

Las ardillas jugaban al corre que te pillo en un árbol. Bolita de Nieve corrió hacia ellas diciendo: —¡Soy una ardillita! ¿Puedo jugar con vosotras?
Una de las ardillas le pellizcó la cola. —¡Tu cola es demasiado corta! —dijo—. ¡Tú no puedes ser una ardilla!

Die Eichhörnchen spielten auf einem Baum Fangen. Schneeball rannte auf sie zu und rief: »Ich bin ein kleines Eichhörnchen. Lasst uns zusammen spielen!«
Ein Eichhörnchen zupfte an seinem Schwanz. »Dein Schwanz ist zu kurz! Du kannst kein Eichhörnchen sein!«, sagte es.

La confusión de Bolita de Nieve iba en aumento. —¿*Queeé?* —gritó—. ¿Entonces no soy una ardilla?

—¡No! —respondieron las ardillas—. ¡Pareces un oso!

Schneeball war verwirrt. »*Waaas?*«, schrie er. »Bin ich denn auch kein Eichhörnchen?«

»Nein!", antworteten die Eichhörnchen. »Du siehst wie ein Bär aus!«

Bolita de Nieve estaba hecho un lío. —¡Bueno, entonces ahora jugaré al corre que te pillo con vosotras y después me iré con los osos! —dijo.

Schneeball war durcheinander. »Dann spiele ich jetzt mit euch Fangen und gehe später zu den Bären!«, sagte er.

Los osos jugaban al caballito cerca del lago. Bolita de Nieve se dirigió hacia ellos.
—¡Hola, soy un osito! —dijo—. ¿Me dejáis jugar con vosotros?
Uno de los osos le miró las patas y gruñó: —¡Tus patas son demasiado cortas! ¡Tú no puedes ser un oso!

Die Bären spielten am See Huckepack. Schneeball ging auf sie zu.
»Hallo, ich bin ein kleiner Bär, lasst uns zusammen spielen!«, rief er.
Einer der Bären schaute auf seine Pfoten und brummte: »Deine Pfoten sind viel zu klein! Du kannst kein Bär sein!«

—¿*Queeeé?* —gritó Bolita de Nieve—. ¿Tampoco soy un oso?
—¡No! —respondieron los osos—. ¡Pareces un pez!
Tras pensárselo un poco, Bolita de Nieve contestó: —¡Bueno, entonces jugaré un momento al caballito con vosotros y más tarde me iré con los peces!

»*Waaaas?*«, schrie Schneeball, »Ein Bär bin ich auch nicht?«
»Nein!«, antworteten die Bären. »Du siehst wie ein Fisch aus!«
Schneeball überlegte eine Weile und sagte: »Dann spiele ich eben jetzt mit euch Huckepack und gehe später zu den Fischen.«

«Bueno, realmente podría ser un pez», pensó Bolita de Nieve mientras se adentraba lentamente en el agua.
Los peces estaban jugando a la gallinita ciega en medio del lago. Bolita de Nieve les hizo señas con la mano y nadó hacia ellos. —¿Puedo jugar con vosotros? —les preguntó— ¡Yo también soy un pez!

Während er langsam ins Wasser glitt, dachte er: »Na gut, ich könnte ja wirklich ein Fisch sein!«
Die Fische spielten mitten im See Blindekuh. Schneeball winkte ihnen zu und begann in ihre Richtung zu kraulen. »Lasst uns zusammen spielen, ich bin auch ein Fisch!«, rief er.

Los peces nadaban a su alrededor. —¡Pero si tú no eres un pez! —dijeron los peces—. ¡Ni siquiera tienes escamas!

Die Fische schwammen um ihn herum. »Du bist doch kein Fisch!«, sagten sie. »Du hast ja gar keine Schuppen!«

Ahora sí que Bolita de Nieve ya no sabía qué hacer. «¿*Pero, entonces qué soy?*», se preguntó mientras chapoteaba en el agua muy excitado. Cuanto más pataleaba, más se le caía el lodo que llevaba pegado. Su pelo, blanco como la nieve, brillaba de nuevo. Los peces lo observaban admirados. —Pero, ¡si tú eres un conejito precioso! —exclamaron mientras le acariciaban su suave pelo.

Nun wusste Schneeball nicht mehr weiter. »*Wer bin ich denn dann nun eigentlich?*«, schrie er und planschte ganz aufgeregt im Wasser umher. Je länger er herumzappelte, desto mehr fiel der Schlamm von ihm ab. Sein schneeweißes Fell glänzte wieder wie früher. Die Fische schauten Schneeball bewundernd an. Sie streichelten sein weiches Fell und sagten: »Du bist ein wunderschöner Hase!«

Bolita de Nieve no podía creer lo que estaba oyendo.
—¿Q*UEEEEÉ*? —gritó Bolita de Nieve a todo pulmón—. ¿Entonces sí que soy un conejo?
—¡S*IIÍ*! ¡E*RES UN CONEJO*! —le gritaron todos los peces a la vez.

Schneeball konnte nicht glauben, was er da hörte.
»W*AAAAAS*?«, schrie er aus vollem Halse. »Also bin ich doch ein Hase?«
Wie aus einem Munde sagten die Fische: »*JA! D*U BIST EIN *HASE!*«

Bolita de Nieve estaba loco de alegría. Y se quedó un rato jugando a la gallinita ciega con los peces...

Schneeball war überglücklich.
Er spielte mit den Fischen eine Zeit lang Blindekuh...

... después regresó adonde estaban los conejos y dijo: —¡Me llamo Bolita de Nieve! ¡Lanzadme la pelota!
Por fin los demás conejos pudieron reconocer en él al precioso conejo blanco, al conejito de nieve, y le lanzaron la pelota. Y todos juntos jugaron alegres y contentos hasta el anochecer.

... und rannte dann zurück zu den Hasen und rief: »Ich heiße Schneeball! Werft mir zu, den Ball!«
Die anderen erkannten jetzt endlich den wunderschönen Hasen in ihm. Er war der Schneehase. Sie warfen ihm den Ball zu, und so spielten sie alle fröhlich bis zum Abend miteinander.

Pero nada más llegar a casa, Bolita de Nieve empezó a echar de menos a todos sus nuevos amiguitos. Así que se puso a escribir una carta a todos ellos: a los erizos, a las ardillas, a los osos, a los peces y, ¡cómo no!, también a los conejos.

Bolita de Nieve sabía que muy pronto iba a poder verlos de nuevo, ya no estaba solo. Y así, feliz, se quedó dormido.

Zu Hause angekommen, hatte er schon Sehnsucht nach all seinen neuen Freunden. Er schrieb an alle einen Brief, an die Igel, die Eichhörnchen, die Bären, die Fische und natürlich auch an die Hasen.

Er wusste, dass er alle wieder besuchen konnte und nicht alleine war. Glücklich schlief Schneeball an diesem Abend ein.

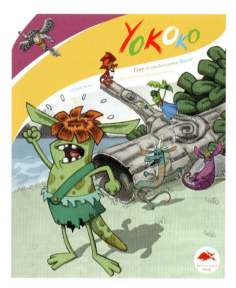

Yokoko - Eine wundersame Reise
von Özlem Sezer
mit Illustrationen von Ozan Küçükusta.

Deutsch.	ISBN: 978-3-940267-03-0
Dt.-Türkisch.	ISBN: 978-3-940267-00-9
In Vorbereitung:	
Dt.-Polnisch.	ISBN: 978-3-940267-18-4
Dt.-Spanisch.	ISBN: 978-3-940267-11-5
Dt-Serbisch.	ISBN: 978-3-940267-29-0
Dt-Arabisch.	ISBN: 978-3-940267-27-6
Dt-Persisch.	ISBN: 978-3-940267-31-3
Dt-Italienisch.	ISBN: 978-3-940267-32-0

Eines Nacht als der Wind nur so durch die Bäume fegt und drinnen im Haus ein warmes Kaminfeuer knistert, öffnen sich die kleinen Hände des schlafenden Kindes und seine Kreiselkärtchen, die es immer bei sich trägt, fallen zu Boden. Von ihnen kullern nun die winzige Ungeheuer herab und befreien sich so von ihren Pappkärtchen.
Und dann beginnt eine große abenteuerliche Reise für die kleinen Monster- Helden:
Sie durchstreifen einen dunklen Wald, wohnen in einem Stück Käse, begegnen einem Feuerdrachen und einer riesengroßen Katze.
Gemeinsam entdecken sie auch eine große Stadt und schließlich auch YOKOKO.
Ja, aber wer oder was ist denn eigentlich YOKOKO? Was das wohl bedeutet?

Eine Lesereise für Kinder von 6-11 Jahren.

Die Fledermaus, die keine war
von Engin Korelli
Mit Illustrationen von Esin Şahin

Deutsch.	ISBN: 978-3-940267-04-7
Dt.-Türkisch.	ISBN: 978-3-940267-05-4
Dt.-Polnisch.	ISBN: 978-3-940267-16-0
Dt.-Spanisch.	ISBN: 978-3-940267-07-8
Dt-Serbisch.	ISBN: 978-3-940267-09-2
Dt-Kroatisch.	ISBN: 978-3-940267-37-5
Dt.Englisch.	ISBN: 978-3-940267-08-5
Dt-Französisch.	ISBN: 978-3-940267-06-1
Dt-Russisch.	ISBN: 978-3-940267-17-7
Dt-Griechisch.	ISBN: 978-3-940267-36-8
Dt-Persisch.	ISBN: 978-3-940267-35-1
Dt-Italienisch.	ISBN: 978-3-940267-34-4
Dt-Arabisch.	ISBN: 978-3-940267-28-3

In einer stürmischen Nacht öffnete die Kraft des Windes das Fenster und die kleine Fledermaus fliegt aus Lidias Spielzimmer durchs offene Fenster in die Freiheit hinaus. In einem geheimnisvollen Wald begegnen ihr verschiedene Wesen und die Gefahren der Nacht.
In einer Höhle schließt sie Freundschaft mit einer erfahrenen und echten Fledermaus, die der kleinen Fledermaus, die keine war, beibringt, wie man richtig jagt und den Gefahren des Waldes widersteht. So lernen die beiden, was richtige Freundschaft bedeutet.

Ein Bilderbuch für Kinder von 4-8 Jahren

Eine Reihe seltsamer Herren 1
Der Mann, der gegen die Zeit lebte
von Mevlâna Idris
Mit Illustrationen von Timo Fülber

Deutsch.   ISBN: 978-3-940267-40-5
Deutsch.-Türkisch.   ISBN: 978-3-940267-41-2

Es war einmal ein Mann, der kam erst im Alter von 60 Jahren zur Welt. Vielleicht wird es Menschen geben, die das nicht glauben … Doch es gibt so vieles auf der Welt, was man nicht glauben kann… Und so geht dieser Mann, der schon das ganze Wissen eines erfahrenen Menschen hat, den umgekehrten Weg und lebt gegen die Zeit …

Mevlâna Idris, (geb. 1964 in der Türkei), Autor von "Eine Reihe seltsamer Herren", schuf damit ein unvergleichliches Werk. Der Autor schreibt fast mit der verloren geglaubten Feder von Kafka.
Die Erwachsenen werden bei seinen Werken genauso auf den Geschmack kommen wie die Kinder und Idris' Geschichten wieder und wieder lesen wollen …
(Hg. Engin Korelli)

Ein Bilderbuch für Kinder und Erwachsene von 9-99 Jahren
12,90 Euro